Jngrid Uebe · Christian Zimmer

Hexengeschichten

Dieses Buch gehört:

_____

Jngrid Uebe

Hexengeschichten

Mit Bildern von Christian Zimmer

Ravensburger Buchverlag

Bibliografische Jnformation Der Deutschen Bibliothek

Die Deutsche Bibliothek verzeichnet diese Publikation in der
Deutschen Nationalbibliografie; detaillierte bibliografische
Daten sind im Jnternet über **http://dnb.ddb.de** abrufbar.

**Die Schreibweise entspricht den Regeln
der neuen Rechtschreibung.**

1 2 3   05 04 03

Ravensburger Blauer Rabe – Leserabe
© 2003 Ravensburger Buchverlag Otto Maier GmbH
Umschlagbild: Christian Zimmer
Redaktion: Denise Vöhringer
Printed in Germany
ISBN 3-473-34465-6

www.ravensburger.de

Inhalt

Im Knusperhäuschen

Es war einmal eine kleine Hexe, die hatte ein
Knusperhäuschen geerbt. Wirklich ein sehr schönes
Häuschen! Die Wände waren aus Lebkuchen, die
Fenster aus Zucker, die Fensterläden aus Marzipan Au
und das Dach aus Milchschokolade. f
Die kleine Hexe klatschte entzückt in die Hände,
als sie das Knusperhäuschen zum ersten Mal sah.
Sie hüpfte ausgelassen darum herum und lief
voller Freude treppauf und treppab. Ja, hier wollte
sie wohnen! Hier und nirgendwo sonst.
Leichten Herzens verließ sie die anderen Hexen,
mit denen sie bisher gelebt, gespielt, getanzt und

gehext hatte, und zog mit Sack und Pack in das schöne Häuschen, das nun ihr gehörte. Ihr allein. Aber ach, das Alleinsein war gar nicht so leicht! Die kleine Hexe sehnte sich bald nach Gesellschaft. Sie hatte zwar einen schwarzen Kater drinnen in der Küche, einen grünen Frosch draußen im Garten, eine graue Ratte unten im Keller und ein weißes Täubchen oben auf dem Dach, aber die Tiere konnten ihr die Freundinnen nicht ersetzen. Und weil das Häuschen sehr abgelegen mitten im Wald lag, da, wo die Tannen am allerhöchsten und am allerfinstersten waren, kam von den anderen Hexen auch nur höchst selten einmal eine zu Besuch.

Die kleine Hexe hielt ihr Häuschen in Ordnung und pflegte den Garten. Sie kümmerte sich um ihre Tiere und kochte köstliche Säfte. Sie las im Zauberbuch und strickte warme Socken. Doch bei all dem oder auch zwischendurch hatte sie keinen, mit dem sie sich unterhalten konnte. Das war schrecklich langweilig und machte sie oft sehr traurig.

Eines Tages, als sie gerade am Herd stand und
in ihrem großen Suppenkessel rührte, hörte sie
draußen vor der Tür ein Geräusch. Aber niemand
klopfte und es kam auch keiner herein.
Die kleine Hexe ging leise ans Fenster und spähte
hinaus.
Draußen standen zwei Kinder, ein Mädchen und
ein Junge. Die probierten nach Herzenslust
von den guten Dingen, aus denen das Knusperhäuschen gebaut war.

Na, wartet!, dachte die kleine Hexe. Euch werde
ich einen tüchtigen Schreck einjagen. Sie schlich
zur Tür und rief durchs Schlüsselloch:
„Knusper, knusper, knäuschen,
wer knuspert an meinem Häuschen?"
Draußen blieb es einen Augenblick still.
Dann antworteten die Kinder:

„Wir sind Lisa und Paul,
alle beide nicht faul.
Wir knabbern und schlecken
und lassen's uns schmecken."
Da musste die kleine Hexe lachen. Sie öffnete die
Tür und sagte: „Esst mir mein Häuschen nicht auf!
Wenn ihr Hunger habt, kommt lieber herein. Jch
habe eine gute Suppe auf dem Herd. Die will ich
gern mit euch teilen."
Lisa und Paul fanden die kleine Hexe sehr nett.
Und gegen einen Teller Suppe hatten sie auch
nichts einzuwenden. Nach all dem Süßen, das sie
gegessen hatten, würde er ihnen bestimmt gut
schmecken. Sie gingen also zu dritt ins Haus. Die
kleine Hexe deckte den Tisch und trug die heiße
Suppe auf. Mhm, so etwas Gutes hatten die Kinder
noch nie in ihrem Leben gegessen! Sie schleckten
die Löffel ab und die Teller aus und konnten gar
nicht genug kriegen.
Die kleine Hexe freute sich darüber. Auch sie
selbst langte tüchtig zu und sagte: „Jn Gesellschaft
schmeckt es doch immer am besten!"

Nach dem Essen räumten sie alle zusammen den Tisch ab und spülten auch gleich das Geschirr. „Habt ihr Lust, noch ein bisschen zu bleiben?", fragte die kleine Hexe. „Jch weiß tolle Spiele." Lisa und Paul zögerten. Zwar hatten sie Zeit bis zum Abend, aber sie wussten nicht recht, ob sie so ohne weiteres aus dem Wald herausfinden würden.

„Macht euch keine Sorgen!", sagte die kleine Hexe. „Jch werde euch auf den richtigen Weg helfen." Da willigten die Kinder ein, noch zu bleiben.

Und sie bereuten es nicht! Die kleine Hexe wusste
wirklich tolle Spiele. Sie konnte auch singen und
tanzen und unglaubliche Kunststücke machen.
Sie baute aus Stühlen eine Eisenbahn, die wie
auf Schienen durch das Knusperhaus rollte. Sie
machte aus Kissen und Decken eine Höhle, in
der die herrlichsten Edelsteine funkelten. Und
schließlich ritt sie mit Paul und Lisa auf ihrem
Besen wie wild um die Lampe herum.

13

Als die Kinder nach Hause mussten, fragte die kleine Hexe: „Habt ihr Lust wiederzukommen?"

„Na sicher!", antwortete Paul. Und Lisa fügte hinzu: „Am liebsten gleich morgen."

„Abgemacht", sagte die kleine Hexe. „Aber jetzt sollten wir uns auf den Weg machen. Wenn ihr wollt, können wir bis zum Waldrand den Besen nehmen."

Paul und Lisa stimmten begeistert zu. Bald ging es in sausendem Galopp durch die Baumwipfel. Beim Abschied schenkte die kleine Hexe den Kindern ein paar Mandeln, die sie aus der Tür ihres Knusperhäuschens gebrochen hatte.

„Esst die, ehe ihr schlafen geht!", sagte sie. „Dann werdet ihr immer zu mir zurückfinden."

Paul und Lisa versprachen es ihr in die Hand. Die kleine Hexe winkte ihnen nach. „Bis morgen!", rief sie.

„Bis morgen!", antworteten Paul und Lisa vergnügt.

Alischa Turteltaub

Klasse 2b schrieb ein Diktat. Die Lehrerin Frau
Fabrizius ging zwischen den Tischen auf und ab
und diktierte lauter schwierige Wörter. Die hörten
sich alle sehr ähnlich an, wurden aber ganz
verschieden geschrieben.

„Axt", diktierte Frau Fabrizius. Und: „Eidechse."
Und: „Klecks." Und: „Fuchs." Und: „Hexe."
Beim letzten Wort ging die Tür auf. Der Schulleiter
Herr Kupka schob ein kleines Mädchen über die
Schwelle. Ein ziemlich sonderbares kleines
Mädchen! Obwohl es ganz still stand, sah es
irgendwie wild aus. Seine Haare waren gelb und

struppig wie Stroh, seine Augen schwarz und glänzend wie Bachkiesel. An seinen Ohrläppchen ringelten sich goldene Schlänglein, und das weite, bunte Kleid reichte bis auf den Boden.

„Hier bringe ich euch eine Neue", sagte Herr Kupka. „Sie heißt Alischa Turteltaub."

Ein paar Kinder kicherten. Der dicke Jngo lachte ganz laut. Alischa Turteltaub war wirklich ein seltsamer Name!

Herr Kupka ging wieder hinaus. Frau Fabrizius setzte die Neue auf den Platz zwischen Laura und Dennis.

„Wir schreiben gerade ein Diktat", erklärte sie und nickte Alischa zu. „Du kannst gleich mitmachen. Nimm ein Blatt Papier und einen Stift!"

Aber die Neue schüttelte den Kopf, dass die goldenen Schlänglein tanzten, und sagte:

„Ach nein, dazu habe ich gar keine Lust. Jch will lieber Bonbons essen."

Frau Fabrizius runzelte die Stirn. „Bonbons essen kannst du in der Pause. Jetzt schreibst du die Wörter, die ich diktiere."

Alischa Turteltaub lächelte. Es war ein merkwürdiges Lächeln. Sie hob beide Hände und sagte:

„Hokus, pokus, fidibus.
Wehe, Frau Fabrizius!
Denn aus deiner hübschen Nase
wird jetzt eine Blumenvase."

Die Klasse 2b hielt die Luft an. Alle starrten nach vorn. Aus der Nase der Lehrerin wuchsen zwei Rosen, eine rote und eine gelbe. Es war nicht zu fassen!

Frau Fabrizius schnüffelte. Doch sonst schien sie nichts zu merken. „Papier und Stift!", sagte sie streng. „Und dann wird geschrieben."
Alischa Turteltaub schüttelte den Kopf. „Ach nein, ich will lieber singen!"
„Verstehst du mich nicht?", fragte Frau Fabrizius. „Nimm etwas zu schreiben! Sonst gibt's Ärger."
Wieder lächelte Alischa Turteltaub ihr merkwürdiges Lächeln. Sie hob ihre Hände und sagte:

„Hokus, pokus, fidibus.
Wehe, Frau Fabrizius!
Denn dein hübsches, kleines Ohr
wird so groß wie 'n Scheunentor."

Und wirklich! Die Ohren von Frau Fabrizius begannen zu wachsen. Sie wuchsen und wuchsen. Zwar wurden sie nicht ganz so groß wie Scheunentore, aber so groß wie Suppenteller wurden sie allemal. Es sah wirklich grauenhaft aus.

„Alischa Turteltaub", sagte die Lehrerin ärgerlich. „Wo hast du bloß diese dummen Sprüche gelernt? Willst du nun endlich Schreibzeug aus deinem Ranzen nehmen?"

„Jch will, was ich will", antwortete die Neue.

„Kann schon sein", meinte Frau Fabrizius. „Aber du tust, was ich will. Das heißt, du schreibst ein Diktat."

Alischa schüttelte den Kopf noch heftiger als vorher. „Ach nein, ich will lieber tanzen."

Schon sprang sie auf und wirbelte durch die Klasse. Dazu sang sie ein wildes Lied in einer Sprache, die niemand verstand. Und obendrein schüttelte sie einen Regen von Bonbons aus ihren Rockfalten. Die ganze Klasse 2b fiel begeistert darüber her.

„Halt!", rief Frau Fabrizius. „Setzt euch sofort
wieder auf eure Plätze! Du auch, Alischa!"
Da hörte die Neue auf zu tanzen, zu singen und
Bonbons aus ihren Rockfalten zu schütteln.
Sie stand ganz still und lächelte. Dann hob sie
ihre Hände und sagte:

„Hokus, pokus, fidibus.
Wehe, Frau Fabrizius!
Denn mit deinem hübschen Mund
bellst du jetzt wie 'n Schäferhund."

Die Lehrerin holte tief Luft. „Wau", machte sie zornig, „wauwauwauwau!"

Die Klasse 2b brach in ein ohrenbetäubendes Geschrei aus. Danach stürmten alle über Tische und Bänke. Niemand bemerkte, dass sich die Tür öffnete und Herr Kupka hereinkam. Erst als er vorn an der Tafel stand, wurden alle auf ihn aufmerksam und schwiegen erschrocken.

„Was ist denn hier los?", fragte der Schulleiter und starrte Frau Fabrizius an. „Sie machen ja einen eigenartigen Unterricht!"

„Wau", antwortete Frau Fabrizius, „wauwau-wauwau."

Niemand rührte sich. Nur Alischa Turteltaub kehrte in aller Ruhe an ihren Platz zurück, warf sich ihren Ranzen auf den Rücken und marschierte an Herrn Kupka vorbei zur Tür. Dort drehte sie sich noch einmal um. Lächelnd hob sie die Hände und sagte:

„Hokus, pokus, fidibus.
Tschüss dann, Frau Fabrizius!
Deine Nase, Mund und Ohr
sind jetzt wieder wie zuvor."

Damit ging sie hinaus. Die Lehrerin aber stand vorn neben Herrn Kupka und sah so aus wie immer. Aus ihrer Nase wuchsen keine Rosen mehr. Jhre Ohren waren unter ihren Haaren kaum zu sehen. Und ihr Mund …

Frau Fabrizius klappte ihn auf und zu. „Wau", sagte sie dann, „w-was war denn bloß mit mir los?"

Aber diese Frage konnte niemand beantworten, nicht einmal Herr Kupka. Deswegen ging er auch eilig hinaus und machte energisch die Tür zu.

Frau Fabrizius wartete, bis alle Kinder wieder auf ihren Plätzen saßen. Dann sagte sie: „Wir wollen unser Diktat fertig schreiben. Bei welchem Wort waren wir stehen geblieben?"

„Bei Hexe!", rief der dicke Jngo.

Die ganze Klasse 2b blickte wie auf Kommando zur Tür. Doch diesmal kam niemand herein.

Marisas Schlaflied

Zu der Zeit, als die Hexen noch große Macht über die Menschen hatten, verliebte sich eine von ihnen in einen Königssohn. An einem blauen Sommertag saß diese Hexe in ihrer schönen, jungen Mädchengestalt auf der Waldwiese und bürstete ihre Locken. Da ritt der Königssohn auf seinem stolzen Schimmel vorbei.

Die Hexe ließ ihre Haarbürste sinken und saß ganz still. Sie winkte ihm nicht und sagte kein einziges Wort. Aber sie wusste, dass sie ihn haben und halten und nie wieder hergeben wollte, so lange sie lebte.

Der Königssohn war tief in Gedanken. Doch das Funkeln der Sonne in den Haaren der Hexe schreckte ihn auf. Sofort hielt er sein Pferd an und fragte: „Schönes Mädchen, was tust du so allein mitten im Wald?"

„Jch wohne hier", sagte die Hexe.

„Wie heißt du?", wollte der Königssohn wissen.

„Marisa", sagte die Hexe.

Der Königssohn lächelte. Der Name gefiel ihm.
Und die Hexe gefiel ihm nicht weniger.
„Jch bin hungrig und durstig", sagte er. „Wenn du
hier wohnst, darfst du mich zu dir einladen."
Erfreut nahm ihn Marisa mit in ihr Haus. Sie deckte
im Handumdrehen den Tisch – mit gebratenem
Huhn und knusprigem Brot, mit Käse und Obst,
mit Butterplätzchen und Kuchen. Sie stellte auch
Wasser und Wein dazu, und der Königssohn ließ
es sich schmecken.

Als er gegessen und getrunken hatte, wurde er
müde. Er gähnte verstohlen und warf einen
sehnsüchtigen Blick auf das große, gemütliche
Bett in der Ecke.
„Schlüpf nur hinein!", sagte Marisa. „Jch werde
dich zudecken und dir ein Schlaflied singen."
Der Königssohn tat, wie sie gesagt hatte. Er
wusste aber nicht, dass die Schlaflieder der Hexen
die Menschen verzaubern. Jedes Lied schenkt
dem Schläfer einen wunderbaren Traum. Und
jeder Schläfer wünscht sich beim Aufwachen, das,
was er geträumt hat, möge sogleich in Erfüllung
gehen.

Kaum hatte der Königssohn sich ausgestreckt, da deckte Marisa ihn zu. Dann setzte sie sich an seine Seite und begann leise zu singen. Sie hielt seine Hand und konnte sich nicht satt an ihm sehen.

Der Königssohn aber träumte, er säße oben im Schloss auf seinem goldenen Thron und neben ihm säße Marisa, genauso schön wie auf der Waldwiese, aber geschmückt wie eine Braut. Als er aufwachte und die Hexe, immer noch leise summend, an seiner Seite sah, sagte er: „Mein Traum soll Wirklichkeit werden. Komm mit mir und heirate mich! Wenn ich meinem Vater auf den Thron folge, werde ich dich zu meiner Königin machen."

Voller Freude willigte Marisa ein. Sie ließ alles zurück und folgte dem Königssohn auf sein Schloss. Schon drei Tage später wurde mit großer Pracht die Hochzeit gefeiert. Und beim Festmahl verkündete der alte König, dass die Krönung des jungen Paares nicht mehr lange auf sich warten lassen würde.

Den ganzen Sommer über war Marisa sehr glücklich. Doch als es Herbst wurde, bekam sie Heimweh. Und als der erste Schnee fiel, wollte sie fort aus dem prächtigen Schloss. Sie sehnte sich nach ihrem Häuschen mitten im Wald – nach der engen Stube mit der gelben Lampe, dem warmen Kachelofen, dem bunten Flickenteppich und dem großen, gemütlichen Bett.

Jm Frühling sollte die Krönung sein. Jn der Nacht vorher saß Marisa noch lange am Kamin und blickte in die züngelnden Flammen. Jhr Mann hatte sich schon nebenan auf sein seidenes Bett gelegt. Aber er konnte nicht einschlafen.

„Komm zu mir, Liebste!", rief er. „Ach, deck mich doch zu und sing mir ein Schlaflied wie früher!"

Marisa horchte auf. Sie nickte und lächelte, trat an sein Bett und deckte ihn zu. Dann setzte sie sich an seine Seite und begann leise zu singen. Sie hielt seine Hand und konnte sich nicht satt an ihm sehen.

Der Königssohn aber träumte, er säße unten im Wald in Marisas Häuschen – in der engen Stube

mit der gelben Lampe, dem warmen Kachelofen, dem bunten Flickenteppich und dem großen, gemütlichen Bett. Er sah Marisa neben sich sitzen, mit allerlei Pilzen und Kräutern beschäftigt. Sie trug wieder das Kleid, das sie im Sommer auf der Waldwiese getragen hatte, und das Licht der Lampe funkelte in ihren Haaren.

Als der Königssohn aufwachte und seine Frau, immer noch leise summend, an seiner Seite sah,

sagte er: „Mein Traum soll Wirklichkeit werden. Lass uns das Schloss verlassen und in dein Häuschen zurückkehren. Lass uns dort bleiben und glücklich sein bis ans Ende unserer Tage!" Marisa nickte und lächelte abermals. „Ganz wie du willst!", sagte sie.

Noch ehe es Tag wurde, machten die beiden sich auf und schlichen Hand in Hand an den schlafenden Wachen vorbei. Als der Wald grün und golden im ersten Sonnenschein lag, hatten sie Marisas Häuschen erreicht. Die Hexe schloss glückselig auf. Sie zog den Königssohn über die Schwelle und machte die Tür hinter ihm zu.

Frau Pimpernell

Frau Pimpernell war eine alte, böse, hässliche Hexe. Sie wohnte am äußersten Rand der Stadt in einem großen, düsteren Haus mit vielen Türmchen und Erkern und einem hohen, spitzen, vom Regen verfärbten Dach. Ringsum war ein riesiger, ganz zugewachsener Garten, in den kaum jemals ein Sonnenstrahl fiel.

Noch nie hatte Frau Pimpernell irgendjemandem
etwas Gutes getan. Jm Gegenteil! Sie lauerte den
Menschen auf, lockte sie in eine Falle, verhexte
sie und ließ sie nie wieder los. Auf Kinder hatte
sie es besonders abgesehen. Sobald sie eins von
ihnen erwischte, verzauberte sie es in einen
Frosch oder in eine Kröte und setzte diese an den
Rand des großen Teichs mitten in ihrem Garten.
Obwohl Frau Pimpernell in ihrem langen Leben
schon viele schreckliche Dinge
getan hatte, war ihr noch

keiner auf die Schliche gekommen. Sie lebte still und zurückgezogen. Selbst ihre engsten Nachbarn bekamen sie selten zu sehen. Bei Tag verließ sie das Haus nur, wenn sie unbedingt musste. Bei Nacht allerdings, wenn alle schliefen, flog sie als Eule zum Fenster hinaus, hockte als Krähe auf dem Zaun oder rannte als Ratte die Straße entlang. Eines Tages zogen in das Haus, das neben dem von Frau Pimpernell lag, neue Leute ein. Es war eine Familie mit vier Kindern. Das jüngste hieß Annika und war ein munteres, fröhliches, unerschrockenes kleines Mädchen.

An einem schönen Sommermorgen spielte Annika mit dem Ball, den sie erst vor ein paar Tagen zum Geburtstag bekommen hatte, draußen vor der Tür. Sie warf ihn hoch in die Luft und fest gegen die Wand. Jmmer wieder fing sie ihn auf. Aber einmal flog er über den Zaun zwischen den Tannen hindurch in den Nachbargarten.

Betrübt sah Annika hinter ihm her. Sie wollte den neuen Ball unbedingt wiederhaben. Doch weil sie nicht ohne zu fragen in den fremden Garten

eindringen mochte, lief sie schnell am Zaun
entlang nach nebenan und klingelte an der Tür.
Sie klingelte dreimal. Aber niemand machte
ihr auf.
Eine Weile wartete Annika. Dann beschloss sie,
den Ball allein wiederzuholen. Sie drückte einfach
die Zweige der Fliederhecke auseinander und
schlüpfte geschickt durch die Lücke.
Der Garten war wild und schön. Sträucher, wie
Annika sie noch niemals gesehen hatte, standen
ringsum in herrlicher Blüte. Die Beete waren voller

Unkraut, aber Ranken und Halme blühten nun prächtiger als die Blumen, die sie erstickt hatten. Auch die Wege waren ganz zugewachsen, und den Rasen hatte schon lange keiner mehr gemäht. Jn der Mitte lag ein großer, grünlicher Teich voller Seerosen. Am Rand quakten zwischen Jris und Schilf eine Menge Frösche und Kröten.

Annika kümmerte sich nicht weiter darum. Sie hatte nur Augen für ihren Ball, der zwischen den Seerosen mitten im Teich schwamm. Vorsichtig trat sie ans Wasser, aber sie wusste nicht, wie sie ihn herausholen sollte.

Und als sie so stand und die Hände ausstreckte, sagte plötzlich eine Stimme dicht hinter ihr:

„Der Ball ist dein,
der Teich ist mein.
Jch helfe dir, mein Töchterlein."

Annika drehte sich um. Hinter ihr stand eine Frau, die sie noch nie gesehen hatte, alt und hässlich, mit langer Nase und krummem Rücken. Das war

natürlich Frau Pimpernell. Mit der einen Hand
stützte sie sich auf einen Stock. Jn der anderen
trug sie einen großen Korb voller Kartoffeln.
Sie lächelte freundlich, aber ihre Augen blickten
listig und kalt.

„Tut mir Leid, dass ich einfach in Jhren Garten
gekommen bin", sagte Annika erschrocken.
„Aber ich habe dreimal geklingelt und niemand
hat aufgemacht."

„Schon gut, mein Töchterlein", antwortete Frau
Pimpernell, stellte den Korb ab und winkte dem
Ball mit ihrem gekrümmten Zeigefinger. Da
schwamm er ans Ufer, und Annika konnte ihn
ohne Schwierigkeiten aus dem Wasser holen.
Frau Pimpernell kicherte und sagte: „So, mein
Töchterlein, jetzt kannst du etwas für mich tun.
Trag mir den Korb ins Haus! Er ist zu schwer für
meine alten Glieder."

Annika zögerte. Jhre Eltern hatten ihr verboten,
in fremde Häuser zu gehen. Und obendrein gefiel
ihr Frau Pimpernell gar nicht. Doch weil sie so
froh war, ihren Ball wiederzuhaben, nahm sie den
Korb und folgte der Alten ins Haus.

Drinnen war es schattig und kühl. Obwohl draußen
die Sonne schien, waren alle Fensterläden
geschlossen und auf dem Tisch brannte eine
Reihe von Kerzen.

Frau Pimpernell nahm Annika den Korb ab und
drückte sie auf einen Stuhl. „Trink ein Glas Saft
mit mir, mein Töchterlein!", sagte sie. „Guten Saft
aus den Äpfeln in meinem Garten!"

Sie ging nach nebenan in die Küche und kehrte mit
zwei Gläsern zurück. Das Kerzenlicht färbte den
Jnhalt golden.

Frau Pimpernell stellte das eine Glas vor Annika
auf den Tisch, das andere gegenüber an ihren
eigenen Platz. „Nun trink, mein Töchterlein!", sagte
sie. „Das wird dir schmecken und gut tun."

Aber Annika traute ihr nicht. Sie ließ ihren Ball wie
aus Versehen auf den Boden fallen und durch die

Stube rollen. Und als die Hexe sich umdrehte und ihm nachblickte, vertauschte sie geschwind die Gläser. Danach tranken sie beide und ließen sich dabei gegenseitig nicht aus den Augen.

Die Alte hat rote Augen!, dachte Annika. Rote Augen wie eine Hexe. Und obendrein Glupschaugen! Glupschaugen wie eine Kröte.

Jn derselben Sekunde begriff sie, dass Frau Pimpernell dabei war, sich in eine Kröte zu verwandeln. Es ging unglaublich schnell. Schon saß sie glitschig und faltig auf ihrem Stuhl und blähte zornig quakend den Hals.

„Ja, quak du nur!", rief Annika. „Hätte ich nicht die Gläser vertauscht, so säße ich jetzt als Kröte hier."

Sie sprang auf und lief in die Küche. Auf dem
Tisch stand eine angebrochene Flasche mit
Apfelsaft und daneben ein winziges Fläschchen
mit einer giftgrünen Flüssigkeit.
„Gib mir die grünen Tropfen!", quakte die Kröte
und platschte auf ihren feuchten Füßen hinter
Annika her. „Sie haben mich in diese Gestalt
verwandelt, und sie werden mich auch wieder
zurückverwandeln."

„Ja, von wegen!", rief Annika. Sie nahm einen
großen Topf und stülpte ihn über die Kröte, damit
diese nicht forthüpfen konnte. Dann ergriff sie
das Fläschchen und lief hinaus in den Garten.
Sie ahnte, wer dort auf sie wartete! Am Teich
blieb sie stehen und schüttelte die grünen Tropfen
hinein. Alle!

Da sprangen plitsch-platsch alle Kröten und
Frösche ins Wasser und tauchten nicht lange
danach als Mädchen und Jungen wieder auf.
Alle tanzten fröhlich um Annika herum und
dankten ihr, dass sie sie von dem schrecklichen
Zauber erlöst hatte.

Und was geschah mit der bösen Frau Pimpernell?
Die brachte Annika noch am selben Tag in den
Zoo. Der Direktor freute sich sehr. Denn eine Kröte
mit roten Augen gab es auf der ganzen Welt
gewiss nur ein einziges Mal.

Die Hexe und der Zauberer

Mitten im Wald, nicht weit von der kleinen
Lichtung, wohnte einmal eine Hexe. Es war ein
hübscher Ort an einer Himbeerhecke und einem
Bach, von Bäumen und Büschen verborgen,
so sonnig und schattig, wie man es sich nur
wünschen konnte. Die Hexe wohnte sehr gern da.
Sie pflegte Haus und Garten, sammelte Beeren,
Pilze und Kräuter und tat niemandem etwas
Böses.
Jeden Morgen, wenn sie aufgestanden war, trat sie
gleich vor die Tür und freute sich an der schönen
Aussicht. Es machte ihr nichts aus, dass sie allein
war. Sie sang mit den Vögeln, tanzte mit dem
Wind und hatte für alle, die vorbeikamen, ein
freundliches Wort.
Eines Morgens jedoch war die Hexe, als sie die Tür
aufmachte, nicht wenig erstaunt und erschrocken.
Mitten in ihrem Garten, vor der Himbeerhecke,
stand nämlich auf einmal ein zweites Haus. Jrgend-
jemand musste es über Nacht dort aufgebaut

haben. So etwas schafft natürlich nur einer, der hexen kann! Oder zaubern. Das ist ja beides so ziemlich dasselbe.

Tatsächlich war es ein Zauberer, der das zweite Haus in den Garten gestellt hatte. Als er um Mitternacht im hellen Mondschein durch den Wald gestreift war, hatte ihm der hübsche Platz zwischen Hecke und Bach so gut gefallen, dass er gar nicht mehr fort wollte. Er entschloss sich also zu bleiben. Für immer und ewig. Dabei kümmerte es ihn wenig, dass dort schon jemand wohnte. Schwups, stand das neue Haus neben dem alten. Der Zauberer ging hinein, kroch ins Bett und schloss zufrieden die Augen.

Die Hexe wartete höflich ab, bis er ausgeschlafen hatte und vor die Tür kam. Da trat sie zu ihm und sagte: „Du hast dir wirklich ein prächtiges Haus gebaut. Aber musstest du es unbedingt in meinen Garten stellen? Der Wald ist doch groß genug."

„Das schon", antwortete der Zauberer, „aber nirgendwo ist er so schön wie hier. Wenn es dir nicht gefällt, dass wir so dicht zusammenwohnen, kannst du ja wegziehen."

„Warum sollte ich?", fragte die Hexe. „Jch war schließlich zuerst da."

„Das stimmt", erwiderte der Zauberer. „Doch wer zuletzt lacht, lacht am besten." Wie zum Beweis ließ er sein höhnisches Lachen durch den Wald schallen.

Die Hexe dachte einen Augenblick nach. „Jch will mich nicht mit dir streiten", sagte sie dann. „Wir müssen uns anders einigen."

„Meinetwegen", nickte der Zauberer. „Wir müssen herausfinden, wer von uns der Stärkere ist."

„Oder die Stärkere", kicherte die Hexe. „Jch zum Beispiel kann hexen."

„Und ich kann zaubern", erklärte der Zauberer.
„Kannst du dich auch in ein Tier verwandeln?",
fragte die Hexe.
„Nichts leichter als das!", antwortete der Zauberer.
„Auch in ein sehr großes Tier?", fragte die Hexe.
„Und ob!", antwortete der Zauberer.
„Na gut", sagte die Hexe, „wer von uns sich in das
größere Tier verwandeln kann, hat gewonnen."
Der Zauberer war einverstanden und verwandelte
sich auf der Stelle in einen Hund.
Darauf verwandelte sich die Hexe in einen Esel.
Darauf verwandelte sich der Zauberer in einen
Löwen. Darauf verwandelte sich die Hexe in einen
Elefanten.
Darauf verwandelte sich der Zauberer in einen
Dinosaurier.
„Siehst du wohl", schnaubte er, „ich habe mich in
das größte Tier verwandelt, wie du es wolltest.
Jch habe gewonnen!"
„Ja, dieses Spiel hast du gewonnen", gab die Hexe
zu. „Aber wir wollen noch eins spielen. Kannst du
dich auch in ein sehr kleines Tier verwandeln?"

„Na klar!", sagte der Zauberer.

„Dann gilt das zweite Spiel", verlangte die Hexe.

„Wer von uns sich in das kleinere Tier verwandeln kann, hat gewonnen."

Wieder war der Zauberer einverstanden. Wieder wollte er anfangen. Aber diesmal verwandelte er sich in einen Hasen.

Darauf verwandelte sich die Hexe in ein Meerschweinchen.

Darauf verwandelte sich der Zauberer in eine Ratte.

Darauf verwandelte sich die Hexe in einen Frosch.

Darauf verwandelte sich der Zauberer in eine Fliege.

„Siehst du wohl", summte er, „ich habe mich in das kleinste Tier verwandelt. Jch habe auch diesmal gewonnen."

„Ja, Pustekuchen!", quakte die Hexe. Blitzschnell streckte sie ihre lange Froschzunge heraus, fing die Fliege und fraß sie auf.

Gleich darauf nahm sie wieder ihre gewöhnliche Gestalt an. Sie zupfte ihre Kleider zurecht und blickte sich um. Der Zauberer war nicht mehr da, und auch sein Haus hatte sich in Luft aufgelöst. Die Hexe war sehr zufrieden mit sich und ihrer Arbeit. Sie klatschte vergnügt in die Hände und tanzte mit dem Wind durch den Garten.

Die Dame im Zug

Jn den Sommerferien reiste Henrik zu seiner
Großmutter nach Hamburg. Zum ersten Mal durfte
er ganz allein mit dem Zug fahren. Seine Eltern
hatten ihn in Köln auf den richtigen Platz gesetzt.
Und in Hamburg würde Oma ihn abholen.
Hamburg war Endstation. Es konnte also nichts
schief gehen.
Außer Henrik saß niemand im Abteil. Aber das
fand er nicht schlimm. Er sehnte sich nicht nach
Gesellschaft. Er hatte alles, was er brauchte,
in seinem Rucksack: eine Dose mit Käsebroten,
eine Thermosflasche mit Tee und ein dickes Buch

voller Hexengeschichten. Henrik liebte Hexengeschichten! Mama wusste das und hatte ihm das
Buch für die Reise gekauft.

Eine Weile guckte er aus dem Fenster. Die Stadt
blieb zurück, und die Welt wurde grün und hügelig.
Kühe standen am Hang, rupften Gras und hoben
nicht einmal den Kopf. Sie hatten wohl schon viele
Züge vorbeifahren sehen.

Kühe sind langweilig!, dachte Henrik. Und der
Rest ist auch nicht besonders aufregend.

Hinter Wuppertal hielt er es nicht länger aus. Er hatte keine Lust mehr, aus dem Fenster zu gucken. Er wollte sein Buch lesen! Er war sehr gespannt auf die Geschichten. Die Hexen riefen nach ihm. Er konnte es deutlich hören.

Schnell nahm er das Buch aus dem Rucksack und studierte das Jnhaltsverzeichnis. Alle Überschriften hörten sich verheißungsvoll an. Die Wahl fiel ihm schwer. Da begann er kurzerhand mit der ersten Geschichte.

Er las auch noch die zweite und die dritte. Als er eben mit der vierten anfangen wollte, merkte er, dass er nicht mehr allein war. Jhm gegenüber saß nun eine hübsche Dame in einem weißen Sommerkleid und lächelte ihn an. Henrik lächelte zurück. Die Dame gefiel ihm! Sie hatte den Kopf voll flammend roter Locken und die strahlendsten Augen der Welt. Um den gebräunten Hals, die Handgelenke und sogar um die Fußknöchel trug sie eine Menge silberner Kettchen und Reifen. Die klirrten und klingelten bei jeder Bewegung.

„Dein Buch muss sehr spannend sein", sagte sie freundlich. „Du hast nicht ein einziges Mal aufgeblickt. Du hast nicht einmal gehört, dass ich Guten Tag gesagt habe."

„Tut mir Leid", antwortete Henrik verlegen, „aber wenn ich solche Geschichten lese, vergesse ich alles andere."

Sie sah ihn neugierig an. „Was sind das für Geschichten?"

„Hexengeschichten", sagte Henrik. „Es gibt nichts Besseres als Hexengeschichten!"

Die Dame lachte. Es hörte sich an wie das Gurren einer Taube. „Glaubst du an Hexen?", fragte sie.

„Klar!", sagte er. „In Büchern sowieso."

„Und in Wirklichkeit?"

Henrik zögerte. „Ich weiß nicht", sagte er ehrlich. „Aber wenn ich in Büchern was toll finde, dann möchte ich, dass es das auch in Wirklichkeit gibt."

„Gute Antwort!" Sie nickte zufrieden. „Und warum findest du Hexen so toll?"

„Weil sie hexen können natürlich!", erklärte er schnell. „Damit überraschen sie einen. Sie sind niemals so langweilig wie …" Er blickte zum Fenster. „… wie Kühe."

Wieder lachte die Dame ihr gurrendes Lachen.

„Mögen Sie keine Hexen?", fragte Henrik.

„Oh doch!" Sie nickte heftig. „Ich mag sie. Ich mag die guten und die bösen, die jungen und die alten, die hübschen und die hässlichen. Ich mag sie und ihr wildes, hexenherrliches Leben."

„Ich auch!", sagte Henrik. Er fühlte sich wunderbar verstanden. Und hexenherrlich war eins der schönsten Wörter, die er jemals gehört hatte.

Unter solchen Gesprächen verging die Zeit wie
im Flug.

Kurz vor Bielefeld blickte die Dame auf die Uhr.

„Jch muss gleich aussteigen", sagte sie. „Und
dann muss ich umsteigen. Aber ich glaube,
zwischendurch gehe ich irgendwo etwas essen.
Ein halbes Hähnchen vielleicht."

Henrik nickte. Er hatte jetzt ebenfalls Hunger.

„Wie weit fährst du noch?", fragte die Dame.

Er seufzte. „Noch weit! Bis Hamburg."

„Hast du etwas zu essen und zu trinken dabei?"

„Ja, in meinem Rucksack. Käsebrot und heißen Tee."

„Magst du das gern?"

Henrik grinste. „Na ja, ein halbes Hähnchen und eine eiskalte Cola wären mir lieber."

Sie zuckte die Achseln. „Jch würde dich gern dazu einladen. Aber leider muss ich jetzt raus."

Anmutig stand sie auf und ergriff ihre abgewetzte, schwarzbraune Reisetasche. Sie gab Henrik zum Abschied die Hand – eine kleine Hand, leicht und fest wie eine Vogelschwinge.

„Gute Reise!", sagte sie lächelnd. „Und dann gleich guten Appetit!"

„Danke gleichfalls!", antwortete Henrik und blickte ihr nach, so lange er konnte.

Als der Zug sich wieder in Bewegung gesetzt hatte, öffnete er seinen Rucksack. Er nahm die Butterbrotdose und die Thermosflasche heraus und stellte beides vor sich auf das Klapptischchen. Zuerst hob er den Deckel von der Dose – und erstarrte mitten in der Bewegung. Wie war das möglich? Jn der Dose lag kein Käsebrot, sondern ein halbes Hähnchen! Braun und knusprig, warm und appetitlich duftete es ihm entgegen.

Henrik atmete ein paar Mal tief durch. Dann schraubte er mit zitternden Fingern die Flasche auf und goss einen Schluck in den Becher. Aber das war nicht der heiße Tee, den Mama am Morgen eingefüllt hatte! Das war schäumende, prickelnde, eiskalte Cola!

Noch einmal holte Henrik tief Luft. Dann langte er zu. Mit großem Genuss verputzte er die ganze unglaubliche, überwältigend gute, hexenherrliche Mahlzeit.

Geschichten zum fröhlichen Schmökern

Werner Färber/Iris Hardt
Vampirgeschichten
Bissig geht es zu – und witzig sowieso! Eine Vampir-Dame will nicht mehr im gleichen Sarg mit ihrem Mann schlafen, weil er schnarcht. Ein Vampir mit bestem Gebiss wird Werbestar. Victor Vampinello und Vera Beißdichkova treiben ihr Unwesen usw.

ISBN 3-473-**34455**-9

Jo Pestum/Fred Ruillier
Fußballgeschichten
Bastian klaut seinem Bruder einen Lederball, damit er nicht mehr mit dem doofen Plastikball spielen muss. Als die Jungs von der Astrid-Lindgren-Schule gegen die „Kästner" spielen, kriegen sie keinen Ball ins Netz. Der Kästner-Torwart ist – ein Mädchen!

ISBN 3-473-**34456**-7

Peter Abraham/
Wilfried Gebhard
Piratengeschichten
Weil Joe nur Unsinn im Kopf hat, schickt ihn sein Vater zum strengen Kapitän Dodelkog aufs Schiff. Mary und Esther werden, als Jungs verkleidet, Flusspiraten. Esmeralda, von Piraten gefangen, verliebt sich in den Schiffsjungen.

ISBN 3-473-**34457**-5

Gute Idee.

Ravensburger